Madame CONNASSE clashe les mecs ♂

Direction éditoriale : Stéphane Chabenat
Conception graphique et mise en pages :
Florence Cailly
Conception de la couverture : MaGwen

Les éditions de **l'Opportun**
16, rue Dupetit-Thouars
75003 Paris

www.editionsopportun.com

Madame CONNASSE clashe les mecs ♂

sportifs

misogynes

chef relou

ex collants

dragueurs

plans culs

Préface

Ici on parle des connards, des goujats, des égoïstes, des infidèles, des bâtards, des imbéciles, des salopards, des bouffons, des tocards, des sans-cœur, des ingrats, des couillons, des hypocrites, des menteurs, des salauds, des crevards, des enculés, des jaloux, des psychopathes, des soumis, des baltringues... des hommes quoi !

Hors de question de les épargner, ils nous font chier au quotidien. Il est temps de leur dire ce que l'on pense. Donc voici un nouveau recueil ciblé sur les mecs. Eh oui messieurs, vous allez vous faire manger à toutes les sauces !

Quant à vous, Mesdames, détendez-vous, servez-vous un petit verre et place à la rigolade. Vous verrez, vous vous sentirez moins seules au fur et à mesure de la lecture.

Grâce au web et plus particulièrement aux réseaux sociaux, j'ai pu regrouper tout un tas de citations qui clashent les hommes.

Et je vous jure ça fait du bien !

Madame Connasse

SOMMAIRE

1

QUAND IL EST EN COUPLE

L'égalité des sexes, c'est quand une femme accepte de payer le resto pour te sucer la bite.

Le secret pour faire durer son couple, c'est de faire crier sa femme au lit plus souvent qu'en dehors.

Un homme demande
à Dieu : « Mon Dieu,
pourquoi as-tu créé
la femme si belle ? »

Dieu : « Pour que tu
puisses l'aimer. »

« Alors pourquoi est-elle
si conne ? »

Dieu : « Pour qu'elle
puisse t'aimer. »

MARI : INDIVIDU QUI, LORSQU'IL VIENT DE FAIRE UNE SEULE TÂCHE MÉNAGÈRE, DONNE L'IMPRESSION D'AVOIR FAIT L'ENTIÈRETÉ DE LA MAISON DU MATIN AU SOIR, SANS ARRÊT ET SOUS ÉTAT GRIPPAL.

Dans une dispute de couple, l'un a toujours raison et l'autre est toujours un gars.

PETIT RAPPEL POUR LES HOMMES :

QUAND TU L'IGNORES, TU LUI APPRENDS À VIVRE SANS TOI.

« QUAND MA FEMME ME FERA LA GUEULE, JE SERRERAI TOUS LES BOCAUX ET LES BOUTEILLES DE LA MAISON DE TOUTES MES FORCES, APRÈS ON VERRA QUI FERA LE PREMIER PAS. »

Remercie ta femme quand elle te crie dessus, car cela veut dire qu'elle n'a pas encore baissé les bras.

— MA FEMME VOULAIT TOUT LE TEMPS FAIRE L'AMOUR, J'EN AI EU MARRE, JE L'AI QUITTÉE.

— BAH T'AIMAIS PAS ÇA ?

— SI, MAIS CE N'ÉTAIT PAS AVEC MOI.

Les mecs qui disent qu'ils n'ont ni Dieu ni maître, alors qu'ils sont mariés... Lol

Il lui a dit qu'elle était le coup de bite d'un soir. Elle lui a mis le coup de boule du matin.

Avant de regarder une autre femme, essaye d'imaginer combien d'hommes désirent la tienne.

Messieurs, si votre femme crie pendant l'amour, ce n'est pas que vous êtes un bon coup...

C'est juste pour impressionner la voisine.

Pour satisfaire une femme, tu dois apprendre seulement ces trois lettres de l'alphabet :

O, B, I

LES MARIS SONT LES MEILLEURS POUR GARDER UN SECRET : ILS N'ÉCOUTENT PAS, DONC ILS NE POURRONT JAMAIS RIEN RÉPÉTER À PERSONNE.

QUAND TA MEUF TE DIT « C'EST QUI ELLE ? », SI TU COMMENCES À BÉGAYER EN « TCHÉCOSLOVAQUE » , T'ES MORT !

Logique des femmes

Tu fais une connerie = elle est énervée = tu t'excuses.

Elle fait une connerie = tu es énervé = elle est énervée car tu es énervé = tu t'excuses.

Les gars j'ai besoin d'aide.

J'étais en pleine dispute avec ma femme et elle vient juste de me dire que j'ai raison.

Putain, je suis censé faire quoi, après ?!

UNE FEMME, C'EST COMME UNE CLÉ : ON NE TE LA « VOLE » PAS, TU LA « PERDS » PAR MANQUE D'ATTENTION.

Ne laissez jamais votre femme seule trop longtemps, elle se rendrait compte que vous ne servez à rien.

Ma femme voulait un chat...
Moi non.
On a fait un compromis.
Donc, on a acheté un chat !

MA MEUF ME FAIT LA GUEULE PARCE QU'ELLE A RÊVÉ QUE JE LA TROMPAIS.

DONC ARRÊTEZ DE ME DRAGUER DANS SES RÊVES S'IL VOUS PLAÎT, VOUS DÉTRUISEZ MON COUPLE.

Ne jamais se moquer des choix de votre femme, vous en êtes !

NE CONVOITE PAS LA FEMME DES AUTRES, DE TOUTE FAÇON ELLE CASSE LES COUILLES COMME LA TIENNE.

Elle décide
Tu acceptes

Elle parle
Tu écoutes

Elle se trompe
Tu t'excuses

si tu veux une femme qui ne te fasse pas chier, il faut en trouver une qui n'en a rien à foutre de toi.

À la fin, avec ma femme, ça n'allait tellement plus qu'à chaque fois qu'elle éternuait et que je lui disais « à tes souhaits », eh bien, j'avais peur de mourir.

MA PETITE AMIE M'A DIT QU'AVOIR UN PETIT PÉNIS, CE N'ÉTAIT PAS GRAVE. CECI DIT, J'AURAIS PRÉFÉRÉ QU'ELLE N'EN AIT PAS DU TOUT.

OUI CHÉRIE

=

GAIN DE TEMPS

Un homme est avec sa maîtresse au restaurant. Dans un élan de romantisme il lui dit : « Dis-moi des mots qui vont augmenter mon rythme cardiaque. »

Elle lui dit : « Ta femme est assise derrière nous ! »

Eh mec,

Avant de sortir avec une meuf, regarde bien si t'en as pas déjà une, on ne sait jamais.

Eh, les mecs !

Coucher le premier soir ne fait pas d'une fille une salope, mais une jeune femme avisée qui veut tester la marchandise avant d'acheter.

EXCEPTION QUI CONFIRME LA RÈGLE :

LES HOMMES VEULENT TOUJOURS AVOIR LA PLUS GROSSE...

SAUF S'IL S'AGIT DE LEUR FEMME !

JE CONNAIS UN MEC QUI A TROMPÉ SA MEUF PENDANT TROIS ANS ET, CE WEEK-END, SA MEUF A EMBRASSÉ UN AUTRE MEC EN SOIRÉE, IL VIENT DE M'ENVOYER « GROS, POURQUOI JE TOMBE QUE SUR DES PUTES ? »

UN MARI, C'EST LE GARS QUI SOUTIENT SA FEMME DANS TOUS LES PROBLÈMES QU'ELLE N'AURAIT JAMAIS EUS SI ELLE NE L'AVAIT PAS ÉPOUSÉ.

Les filles, vous êtes quand même super bizarres !

Hier soir, ma femme m'a dit qu'elle avait acheté de la lingerie pour moi, puis s'est fâchée lorsque je l'ai essayée.

J'ai appelé mon ex pour prendre des news, elle m'a dit qu'elle ne pouvait pas parler parce qu'elle était à un enterrement. J'ai voulu savoir qui était mort, elle m'a dit « mes sentiments pour toi, Fdp. » Puis elle m'a raccroché au nez.

Un homme ne sait pas ce qu'il veut jusqu'à ce qu'il la voie dans les bras d'un autre.

— DÉSOLÉ, CHEF, JE SUIS EN RETARD, MAIS MA FEMME EST ENCEINTE.

— AH OUI ?! ET DE COMBIEN ?

— ENVIRON UN QUART D'HEURE.

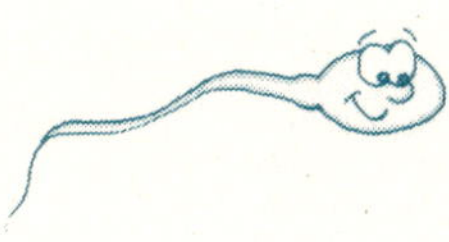

2

QUAND IL EST PAPA

Bon, O.K., j'ai perdu le gosse à la plage, mais il y a des filles en Bikini partout, je ne peux pas surveiller tout le monde !

Sortez couverts messieurs, un enfant roux ça n'arrive pas qu'aux autres !

MON FILS M'A APPELÉ EN PANIQUE POUR ME DEMANDER COMMENT CUIRE LA PARTIE DES SPAGHETTIS QUI DÉPASSE DE LA CASSEROLE.

IL A 21 ANS.

Une petite fille arrive à l'école avec un gros bandage autour de la tête.

Étonnée, la maîtresse demande :

— Mais que t'est-il arrivé ?

— Une abeille m'a piquée !

— Mais c'est un bandage énorme pour une piqûre !

— Mon papa l'a tuée avec une pelle !

Quand j'étais petit, j'aimais bien bricoler avec mon père le dimanche. Parce que chaque fois j'apprenais de nouvelles insultes.

– Papa, c'est où le col du fémur ?
– Si tu bossais correctement ta géographie, tu le saurais, mais qu'il est con ce gosse.

HEUREUSEMENT QUE
POUR TOMBER ENCEINTE
LES FEMMES N'ONT PAS
BESOIN D'ORGASME.
SINON ON SERAIT 50 EN
FRANCE.

– Quand j'aurai une fille, je lui donnerai le même prénom que ma femme.

– Ah bon ? Et pourquoi ça ?

– Eh bien comme ça, quand je dirai « Sarah, tu m'apportes une bière s'il te plaît » eh bien j'en aurai deux.

La phrase favorite de tous les hommes, maris et pères de famille :

« Tu aurais dû me le dire que tu voulais que je le fasse ! »

Un père, c'est quelqu'un qui sait toujours guider son enfant au bon endroit. Surtout quand il lui dit : « Va voir maman ! »

LES HOMMES ONT DEUX ÉMOTIONS : LA FAIM ET LE SEXE... S'IL N'A PAS D'ÉRECTION, C'EST QU'IL VEUT UN SANDWICH.

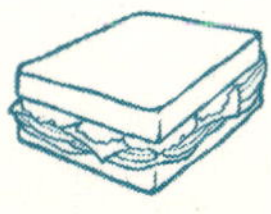

3

QUAND IL NE PENSE QU'À ÇA

HOMME : SEXE, SEXE, SEXE, SEXE, SEXE, SEXE, LE SEXE, SEXE, SEXE

FEMME : BISOUS, PETIT DÉJEUNER, BISOUS, DES FLEURS, BISOUS, DÎNER AUX CHANDELLES, SEXE

Y A PAS À DIRE, LES HOMMES SONT SIMPLES !

Les mecs, quand vous n'arrivez pas à bander car vous êtes trop bourrés et qu'on vous dit que ce n'est pas grave. Ce n'est pas vrai... On a envie de baiser, nous, en vérité.

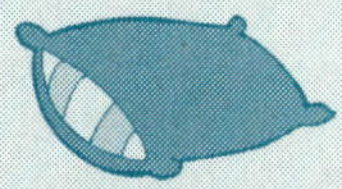

Tout à l'heure je me grattais la bite...

Et je me suis rendu compte que ce n'était pas la mienne.

On est vraiment trop serrés sur cette plage !

ATTENTION AUX MECS DE PLUS DE 40 ANS QUI SE VANTENT DE LE FAIRE TOUTE LA NUIT : ILS NE PARLENT PAS DE SEXE, MAIS DE DORMIR SANS SE LEVER POUR PISSER !

Exprimer son salaire en brut, c'est comme mesurer son zizi en comptant la colonne vertébrale.

QUAND LE MEC M'A DIT : « JE VAIS TE LA FAIRE COURTE », JE NE PENSAIS PAS QU'IL PARLAIT DE SA BITE.

Si une femme pense au sexe trois fois par jour c'est une coquine.

30 fois par jour, c'est une nymphomane.

Tout le temps... C'est un mec !

Femme qui rit dans ton lit… regarde bien, mais à mon avis c'est que c'est trop petit !

« De toute façon, la taille on s'en fout! »

Les mecs ont tous une bite…

Les filles veulent un mec avec des couilles!

Le sexe masculin est ce qu'il y a de plus léger au monde, une simple pensée le soulève.

LES HOMMES QUI SAVENT FAIRE LA CUISINE SONT EN GÉNÉRAL DE TRÈS BONS AMANTS !

Suce ma bite en verlan ça fait :

« ecus am etib », ce qui veut dire en latin : « Je t'aime »

Ce soir, j'hésite entre une escalope avec une salade ou une escapade avec une salope.

À ces hommes qui voudraient que leur femme leur fasse un sandwich après une partie de jambes en l'air :

Si elle peut encore marcher, tu ne mérites pas ton sandwich !

Pour chaque femme persuadée
de savoir conduire,
il existe un homme persuadé
de savoir baiser.

SACHANT QUE LE BATTEMENT D'AILES D'UN PAPILLON PEUT PROVOQUER UNE TORNADE, IL FAUT ÊTRE INCONSCIENT POUR FAIRE L'HÉLICOPTÈRE AVEC SA BITE.

— MERCI D'ÊTRE MONTÉ JUSQU'À PARIS POUR CET ENTRETIEN. VOUS ÊTES MONTÉ COMMENT ?

— COMME UN CHEVAL.

— ...

— ...

— ON VOUS RAPPELLERA.

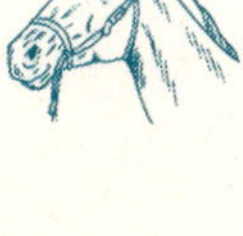

MESSIEURS, QUAND VOUS ENVOYEZ VOS BITES EN MP, SOYEZ MIGNONS, ATTENDEZ AU MOINS QU'ELLES SOIENT EN PLEINE ÉRECTION.

Ça t'annonce 20 cm.

Ça t'annonce de tenir très très longtemps bla-bla-bla.

La neige, c'est un mec comme les autres.

Si la meuf avec qui tu as rencard ce soir porte des sous-vêtements dégueulasses et n'est pas épilée.

Tu peux être fier de toi, mec ! Elle avait clairement décidé de ne pas baiser avec toi ce soir... Bravo.

Chérie,

J'ai une rage de gland, j'ai besoin d'un bain de bouche.

Certains pénis souffrent d'anorexie.

Ils se voient gros, mais non.

4

QUAND C'EST UN VRAI CONNARD

J'AI REMARQUÉ QUE PLUS UN MEC A LE PÉNIS PETIT, PLUS IL A UNE GRANDE GUEULE. C'EST QUAND MÊME BIEN FAIT LA NATURE !

Le mec que j'ai rencontré hier soir m'a dit qu'il m'appellerait en arrivant chez lui.

Apparemment il habite loin, l'enculé...

Vous croyez qu'en marquant « mariée » ou « fiancée » sur votre profil ça empêchera un mec de venir vous parler en privé ?

Détrompez-vous, même si vous mettez « morte » il va vous écrire « t'es le plus beau cadavre que j'ai vu dans ma vie ».

« ELLE EST BONNE »

« ELLE EST FRAÎCHE »

« ELLE EST POTABLE »

SÉRIEUX, ON A DU MAL À SAVOIR SI VOUS PARLEZ D'UNE FEMME OU D'UNE BOUTEILLE D'EAU...

Les promesses des mecs c'est comme les moustiques, tu les entends mais tu ne les vois pas !

En amour, l'homme est toujours prêt à tout ce qui n'engage à rien.

LES MECS C'EST COMME LE BRONZAGE, ÇA NE RESTE JAMAIS APRÈS L'ÉTÉ.

Un homme dit à sa femme :

— Tu as une paire de fesses de la taille d'un barbecue.

La femme ne dit rien... Le soir dans le lit, l'homme se colla contre sa femme en la caressant, la femme se décolla et dit :

— Mais chéri, on ne va tout de même pas allumer le barbecue pour une si petite saucisse...

Femme au premier rendez-vous :

- Masque régénérant
- Cire
- Coiffeur
- Maquillage
- Dessous sexy
- Vêtements chics
- Talons

Homme au premier rendez-vous :

- Il lave sa voiture.

La plus grande lâcheté d'un homme est d'éveiller l'amour d'une femme...

Sans avoir vraiment l'intention de l'aimer !

L'homme est un loup pour l'homme et un relou pour la femme !

LE MEC IDÉAL, C'EST COMME LE PÈRE NOËL, TOUT LE MONDE EN PARLE MAIS PERSONNE NE L'A JAMAIS VU.

Les mecs ça aime les gros culs, les gros seins et les hanches larges, mais ça ne veut pas que ça dépasse les 50 kg.

L'UNIVERS MASCULIN SE BASE SUR 3 CONCEPTS :

– QU'EST-CE QU'ON MANGE ?

– QUAND EST CE QU'ON BAISE ?

– MAIS PUTAIN, Y'A PAS PENALTY !

APPRENDS À UN HOMME À PÊCHER, IL AURA À MANGER TOUTE SA VIE.

DONNE-LUI UN CRAYON, IL DESSINERA UNE BITE.

Un mec, c'est simple, il voit un cul, il met un « j'aime ».

L'amour court les rues,
les connards aussi.

Ils disent chercher les femmes avec du caractère, ils tombent dans les bras de poupées vides.

— Ma chérie, je voudrais avoir une soirée de frissons.

— Va dormir dehors !

On ne dit pas :

« Putain, t'es vraiment un connard ! »

Mais plutôt :

« Mon ami, la bougie de ton intelligence n'éclairera efficacement ta vie que le jour où tu arrêteras de souffler toi-même dessus... »

Les mecs veulent des putes pour leurs couilles, des filles bien pour leur cœur, après ça, ils diront que les putes leur brisent le cœur et que les filles bien leur cassent les couilles.

C'est une mauvaise idée de demander à une femme battue si son mari est un bon coup ?

SI UN HOMME OUVRE
LA PORTIÈRE DE SA VOITURE
À SA FEMME, C'EST QUE L'UNE
DES DEUX EST NEUVE.

ON DIT QUE LES MECS NE SAVENT PAS FAIRE DEUX CHOSES EN MÊME TEMPS,

MAIS QUAND IL S'AGIT DE GÉRER DIX MEUFS EN MÊME TEMPS, ILS SONT CHAMPIONS !

LES MECS SONT CHELOUS QUAND MÊME. ILS SONT UNANIMES POUR DIRE QUE TOUTES LES FEMMES SONT DES EMMERDEUSES. MAIS ILS RÊVENT D'EN AVOIR PLUSIEURS.

Ça se dit ton amie mais ça refuse de te montrer ses boobs.

Quand un mec ne te calcule plus, subitement :

– Vous avez déjà baisé.

– Il a compris que tu ne voulais pas baiser.

– Il est en couple.

LES MECS SONT COMME DES BAS AUTOFIXANTS :

AU DÉBUT, ÇA COLLE BIEN À LA PEAU. PAR LA SUITE, ÇA SE RELÂCHE... OBLIGÉ DE TIRER UN PEU POUR QUE ÇA RESTE EN PLACE. ET À LA FIN, ÇA FILE.

CERTAINS MECS TE PROMETTENT DE SOULEVER DES MONTAGNES ET NE SONT MÊME PAS CAPABLES DE SOULEVER LEUR CUL DU CANAPÉ...

Les mecs qui sifflent les filles dans la rue, arrêtez. Aucune ne se retournera en disant : « Tu siffles trop bien, je te passe mon numéro. »

POUR GARDER L'AMOUR D'UNE FEMME, IL FAUT MAINTENIR SES YEUX SECS ET SES CULOTTES MOUILLÉES, JAMAIS L'INVERSE.

Les hommes aussi ont des sentiments. Par exemple, ils peuvent ressentir la faim.

C'est sa petite culotte qu'il faut déchirer, pas son cœur, bouffon.

LES MECS QUI DISENT : « J'ATTIRE LES FILLES COMME DES MOUCHES », VOUS N'AVEZ PAS L'IMPRESSION D'ÊTRE DES MERDES ?

5

QUAND ILS SONT UN PEU COUILLONS

LES JUPES EN CUIR, C'EST DINGUE L'EFFET QUE ÇA FAIT SUR LES MECS.

ÇA DOIT LEUR RAPPELER L'ODEUR D'UNE NOUVELLE BAGNOLE.

Chute de température :

Femme

Grosses chaussettes, double couette, pyjama grenouillère à capuche, couverture chauffante, etc.

Homme

Bon... O.K., je vais mettre un slip.

Les mecs croient trop que les filles entre elles, elles parlent de chaussures, maquillage... Si vous saviez !

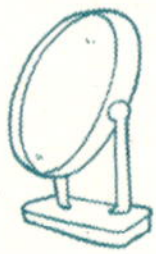

Les mecs, c'est comme les crevettes... Rien dans la tête, tout dans la queue.

LES HOMMES ONT PEUT-ÊTRE DÉCOUVERT LE FEU,

MAIS LES FEMMES ONT DÉCOUVERT QUE L'ON PEUT JOUER AVEC.

6

QUAND IL EST INFIDÈLE

Les vrais hommes restent fidèles : ils n'ont pas le temps de chercher d'autres femmes, parce qu'ils sont trop occupés à chercher de nouvelles façons d'aimer la leur…

92 % des hommes
s'endorment 20 minutes
après avoir fait l'amour.

C'est très dangereux,
parce qu'à ce
moment-là ils sont souvent
sur la route, en train
de retourner chez leur
femme.

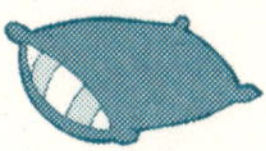

« Mais, elle a un mec... »
Et alors ? Ce n'est pas parce qu'il y a un gardien qu'on ne peut pas marquer de but.

L'ANIMAL TERRESTRE LE PLUS RAPIDE, CE N'EST PAS LE GUÉPARD, C'EST LE MEC QUI S'APERÇOIT QU'IL A LAISSÉ SON TÉLÉPHONE DÉVERROUILLÉ SUR LA TABLE.

LES HOMMES QUI TROMPENT LEURS FEMMES SONT PLUS SUSCEPTIBLES DE MOURIR TÔT.

LES HOMMES LES PLUS JALOUX SONT LA PLUPART DU TEMPS DES INFIDÈLES !

Certains hommes aiment tellement leur femme que, pour ne pas les user, ils se servent de celles des autres.

7

QUAND ON NE SAIT PLUS QUOI EN FAIRE

LES FEMMES C'EST COMPLIQUÉ,

CHEVEUX RAIDES, ELLES VEULENT LES BOUCLER.

BOUCLES, ELLES LES RAIDISSENT.

LES HOMMES, EUX, VEULENT JUSTE DES CHEVEUX.

Parfois les filles sont chiantes et connes, c'est là que l'on se dit qu'elles ont toutes un côté masculin.

SI LES FEMMES QUI AIMENT LES FEMMES PEUVENT SE COMPORTER NORMALEMENT QUAND UNE FEMME PORTE UNE JUPE, PEUT-ÊTRE QUE LE PROBLÈME NE VIENT PAS DES JUPES...

MON VOISIN M'A DIT QUE S'IL LE CHOPAIT, IL TUERAIT LE MEC QUI PIQUE SES FRINGUES SUR SON ÉTENDOIR. J'AI FAILLI CHIER DANS SON FROC.

Il n'y a pas de sexe faible, il n'y a que des hommes qui ne tiennent pas l'alcool et qui bandent mou.

Un mec qui dort c'est beaucoup trop mignon, il devient tout fébrile, tout calme, et il ferme enfin sa grande gueule.

JE CROIS QUE LE SEUL TRUC QU'UN MEC PEUT ÉPOUSER DANS LA VIE, C'EST LA FORME DU CANAPÉ.

Quelle tristesse de voir
qu'à notre époque,
les doigts effleurent
plus de smartphones
que de clitoris.

Être un homme n'est pas facile

– Pas de maquillage

– Pas de perruque

– Pas de faux ongles

– Ni de faux cils

Quand t'es laid, t'es laid.

Ne fume pas, ne bois pas,
ne te trompe pas, ne mens pas.

Et surtout : n'existe pas.

Si une fille te dit

« On est comme frère
et sœur »

C'est mort. Sauf si tu es
du Nord !

C'est trop mignon
un mec qui pleure...

Nannnnn je rigole,
bouge, baltringue !

LES MECS QUI TRAITENT LES MEUFS DE PLANCHE À PAIN. FAITES GAFFE, LES PLANCHES À PAIN ON S'EN SERT AUSSI POUR DÉCOUPER LE SAUCISSON...

Les filles, mariez-vous !

Aucun homme ne doit rester impuni !

Reste avec la femme qui prend soin de toi quand tu es malade, qui te trouve beau quand tu es moche, et qui t'aime quand tu es gros.

En fait, reste avec ta mère.

Je ne dis pas que je n'aime pas les hommes, je dis juste qu'il y a des animaux de compagnie bien moins contraignants.

ILS SONT QUAND MÊME SUPER FORTS, LES MECS MOCHES. AVOIR RÉUSSI À RENDRE LA BARBE SEXY POUR POUVOIR CACHER LA MOITIÉ DE LEUR SALE GUEULE...

Arrêtez messieurs de nous juger sur nos kilos en trop,

On pourrait vous juger sur vos centimètres en moins.

Les gars avec les cheveux longs, j'ai enfin compris votre délire...

Genre pour gérer une meuf, tu lui demandes un élastique...

QUELLE EST LA DIFFÉRENCE ENTRE UN HOMME AU RÉVEIL ET UN ÉLASTIQUE ?

AUCUNE, IL S'ÉTIRE, IL S'ÉTIRE, IL S'ÉTIRE ET... IL PÈTE.

Le compagnon parfait :

– S'assoit pour faire pipi

– Fait sa lessive et repasse

– Sort toujours la poubelle

– Ne dit jamais de gros mots

– Aime bien le shopping

– Ne parle plus à son ex

– N'aime pas le foot

– Ose dire « Je t'aime »

– N'est pas jaloux

– N'est pas encore né

Si *La Belle et la Bête* m'a bien appris une chose :

C'est que ton physique importe peu... Du moment que tu as un château et que tu es millionnaire.

Les réponses des hommes sont rarement compatibles avec les questions des femmes.

POURQUOI LES HOMMES RONFLENT-IL QUAND ILS SONT COUCHÉS SUR LE DOS ?

PARCE QUE LEURS COUILLES TOMBENT SUR LEUR TROU DU CUL, CE QUI PROVOQUE UN BLOCAGE D'AIR.

Nostalgique de l'époque où Ken était le seul mec sans couilles que nous connaissions.

SI LES MECS POUVAIENT FAIRE LE CUNNILINGUS AUSSI BIEN QU'ILS MENTENT, IL Y AURAIT BEAUCOUP MOINS DE DÉPRESSIVES.

AFFIRMER QUE TOUTES LES FEMMES SONT CASSE-COUILLES SUPPOSERAIT QUE TOUS LES MECS EN SOIENT DOTÉS.

CERTAINS MECS FERAIENT MIEUX DE SE REMPLIR LE CERVEAU AVANT DE SE VIDER LES COUILLES.

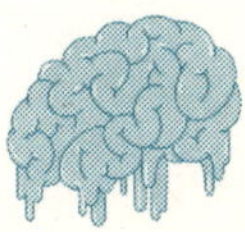

UN HOMME DIT : « FEMME », ÇA S'ÉCRIT AVEC UN E MAIS ÇA SE PRONONCE AVEC UN A (« FAMME »). DÈS LE DÉBUT ON SAVAIT QUE VOUS ÉTIEZ COMPLIQUÉES !

UNE FEMME RÉPOND : « HOMME », ÇA S'ÉCRIT AVEC UN H MAIS ÇA NE SE PRONONCE MÊME PAS. DÈS LE DÉBUT ON SAVAIT QUE VOUS NE SERVIEZ À RIEN !

Le patron, c'est comme
une couche : on l'a
toujours au cul, et souvent
quand il est là, ça sent la
merde.

Il y a des mecs, au début tu ne les trouves pas très beaux, puis t'apprends à les connaître, et là tu te rends compte qu'en plus ils sont cons.

LES MECS QUI N'ONT PAS DE COUILLES, J'ESPÈRE AU MOINS QUE VOUS AVEZ UNE GROSSE BITE.

QUESTION EXISTENTIELLE DU JOUR :

MAINTENANT QUE TOUS LES MECS SONT BARBUS, EST-IL RÉELLEMENT UTILE DE S'ÉPILER LE MAILLOT ?

Les gars, vos testicules pèsent vingt grammes. Donc quand on vous demande de porter vos couilles, on ne vous demande pas grand-chose.

— C'est quoi une salope ?

— Une femme qui a décidé de coucher avec qui elle voulait. Sauf toi.

Les mecs, si vous cherchez une fille habile de sa bouche, sachez que je mets moins de trois secondes à vous murmurer à l'oreille : « Va te faire foutre, connard. »

LES MENSURATIONS IDÉALES D'UN HOMME ?

– 90/60/42,

– 90 ANS,

– 60 MILLIONS SUR LE COMPTE EN BANQUE,

– 42 DE FIÈVRE.

— Ta jupe est trop courte !

— Remercie le fabricant, je crois qu'il s'est inspiré de ta bite.

ARRÊTEZ AVEC
VOS CONNERIES,
LE SEUL MEC QUI
ÉTAIT INTÉRESSÉ
PAR LA BEAUTÉ
INTÉRIEURE
DES FEMMES,
C'ÉTAIT JACK
L'ÉVENTREUR.

**Les trois plus gros mensonges de l'homme :
« Demain, je me couche tôt »**

« Tu conduis bien, chérie »

Et « 25 cm ».

LES HOMMES D'AUTREFOIS SE RASAIENT COMME LEURS PÈRES, MAINTENANT ILS S'ÉPILENT COMME LEURS MÈRES...

C'EST MARRANT, LES MECS, VOUS ARRIVEZ À VOIR UN HORS-JEU DU HAUT DES TRIBUNES, MAIS VOUS N'ARRIVEZ PAS À VISER LA LUNETTE DES CHIOTTES.

Dans la même collection

Madame Connasse
Saison 1

Madame Connasse enfonce le clou !

Madame Connasse se paye les filles !

Achevé d'imprimer par
Normandie Roto Impression s.a.s., 61250 Lonrai
N° d'impression : 1906005
ISBN : 978-2-36075-675-9
Dépôt légal : mai 2019

Imprimé en France